창비시선 88

정 호 승 詩 集

별들은 따뜻하다

창비

이 시집을
厚民에게 바친다

차 례

제 1 부

갈 대 ················8
갈 대 ················9
삶 ················10
이별에게 ················11
당신에게 ················12
나의 낙타에게 ················14
강변역에서 ················16
푸른 애인 ················18
나의 길 ················19
사 랑 ················20
사 랑 ················21
어떤 사랑 ················22
겨울밤 ················23
어느 시인의 죽음 ················24
너의 날개 ················26
별들은 따뜻하다 ················28
가을꽃 ················29
새벽눈 ················30
기다림 ················31

또 기다림 ………………………………… *32*
비닐우산 ………………………………… *33*

제 2 부

북한강에서 ………………………………… *36*
북한산에서 ………………………………… *37*
휴전선에서 ………………………………… *38*
휴전선에서 ………………………………… *40*
다시 휴전선에서 ………………………………… *41*
철원역에서 ………………………………… *42*
다시 철원역에서 ………………………………… *44*
윤동주 무덤 앞에서 ………………………………… *46*
詩人 尹東柱之墓 ………………………………… *48*
어떤 遺書 ………………………………… *49*
두만강에서 ………………………………… *50*
백두산을 오르며 ………………………………… *52*
天池에서 ………………………………… *54*
천지호텔 창가에 서서 ………………………………… *56*
백두산 ………………………………… *58*
어느 봄날 ………………………………… *60*
北韓産 명태에게 ………………………………… *62*
또 하나의 조국 ………………………………… *63*
백범 묘소 앞에서 ………………………………… *64*

제 3 부

눈 길	66
저녁별	67
겨울날	68
산길에서	69
길	70
무덤에서	72
꽃	73
임진강에서	74
눈 발	76
별 하나의 나그네 되어	77
그 사내	78
간디에게	79
어머니	80
金宗三	82
朴正萬	83
히로히토에게	84
삶	85
가난한 사람에게	86
겨울꽃	87
마지막 편지	88

跋 文	이 동 순 ·	89
後 記		107

제 1 부

갈 대
갈 대
삶
이별에게
당신에게
나의 낙타에게
강변역에서
푸른 애인
나의 길
사 랑
사 랑
어떤 사랑
겨울밤
어느 시인의 죽음
너의 날개
별들은 따뜻하다
가을꽃
새벽눈
기다림
또 기다림
비닐우산

갈   대

오늘도 내 마음이 무덤입니다
헤어지는 날까지 강가에 살겠습니다

들녘엔 개쑥이 돋고
하루하루가 최후의 날처럼 지나가도

쓰러질 수밖에 없었을 때는
또 일어설 수밖에 없었습니다

눈물을 다하고 마침내 통곡을 다하고
광야에 바람 한 점 불지 않아도

누가 보자기를 풀어
푸른 하늘을 펼쳐놓으면

먼 길 떠나는 날 이 아침에
오늘도 내 마음이 무덤입니다

갈 대

내가 아직도 강변에 사는 것은
죽은 새들이 내 발밑에서 물결치기 때문이다

내가 아직도 아무도 살지 않는 강변에 사는 것은
실패도 인생의 일부이기 때문이다

세상은 강한 자가 이긴 것이 아니라
이긴 자가 강한 것이라는

죽은 새들의 정다운 울음소리를 들으며
온종일 바람에 흔들릴 때마다

나의 삶이 진정 괴로운 것은
분노를 삭일 수 없다는 일이었나니

내가 아직도 바람 부는 강변에 사는 것은
죽은 새들이 날아간 하늘에 햇살이 빛나기 때문이다

삶

사람들은 때때로
수평선이 될 때가 있다

사람들은 때때로
수평선 밖으로 뛰어내릴 때가 있다

밤이 지나지 않고 새벽이 올 때
어머니를 땅에 묻고 산을 내려올 때

스스로 사랑이라고 부르던 것들이
모든 증오일 때

사람들은 때때로
수평선 밖으로 뛰어내린다

이별에게

내 너를 위해 더듬이를 잘라야겠느냐
내 너를 위해 저녁해를 따라가야겠느냐
모래내 성당의 종소리는 들리는데
개연꽃 피는 밤에 가을달은 밝은데
가슴마다 짓이겨진 꽃잎이 되어
꽃잎 위에 홀로 앉은 벌레가 되어
내 너를 위해 눈물마저 버려야겠느냐
내 너를 위해 날개마저 꺾어야겠느냐

당신에게

해질 무렵
서울 가는 야간열차의 기적소리를 들으며
산그림자가 소리없이 내 무덤을 밟고 지나가면
아직도 나에게는
기다림이 남아 있다

바람도 산길을 잃어버린
산새마저 날아가 돌아오지 않는
두 번 다시 잠들 수 없는 밤이 오면
아직도 나에게는
산새의 길이 남아 있다

어느날 찬바람 눈길 속으로
푸른 하늘 등에 지고 산을 올라와
국화 한 송이 내 무덤 앞에 놓고 간
흰 발자국만 꽃잎처럼 흩뿌리고 돌아선
당신은 진정 누구인가

어둠 속에서도 풀잎들은 자라고
오늘도 서울 가는 야간열차의 흐린 불빛을 바라보며
내가 던진 마음 하나 별이 되어 사라지면
아직도 나에게는
그리움의 죄는 남아 있다

나의 낙타에게

서울의 사막에
어머니를 묻고
들깨꽃이 피었다
개망초꽃이 피었다

어머니를 관도 없이
산 속에 묻고
동네 사람들은 뿔뿔이
사막이 되어 흩어졌다

나는 아직도
초상집처럼 울고 있는데
새벽 하늘엔
별들의 새싹도 돋지 않는데

어디로 가니 낙타야
어디로 가니 낙타야

너 혼자 울고 가면
사막에도 산이 있니

강변역에서

너를 기다리다가
오늘 하루도 마지막 날처럼 지나갔다
너를 기다리다가
사랑도 인생이라는 것을 깨닫지 못했다
바람은 불고 강물은 흐르고
어느새 강변의 불빛마저 꺼져버린 뒤
너를 기다리다가
열차는 또다시 내 가슴 위로 소리없이 지나갔다
우리가 만남이라고 불렀던
첫눈 내리는 강변역에서
내가 아직도 너를 기다리고 있는 것은
나의 운명보다 언제나
너의 운명을 더 슬퍼하기 때문이다
그 언젠가 겨울산에서
저녁별들이 흘리는 눈물을 보며
우리가 사랑이라고 불렀던
바람 부는 강변역에서

나는 오늘도

우리가 물결처럼

다시 만나야 할 날들을 생각했다

푸른 애인

푸른 하늘 아래 너는 있다
푸른 하늘 끝 그 어딘가에 너는 있다
나는 오늘도 사는 일과 죽는 일이 부끄러워
비 오는 날의 멧새처럼 너를 기다려도
너는 언제나 가랑비처럼 왔다가 사라진다

푸른 땅 아래 너는 있다
푸른 땅 끝 그 무덤 속에 너는 있다
사는 것이 죄인 나에게
내가 산다는 것이
죄의 대가를 치르는 것인 이 밤에
너는 언제나 감자꽃처럼 피었다 진다

나의 길

내 이제 죽어서도 사랑의 죄는 없다
내 이제 죽어서도 기다림의 죄는 없다
사람이 짐승이 되는 밤은 깊어
사람이 짐승의 눈물을 흘리는 새벽은 너무 깊어
나는 너의 운명을 슬퍼하며 길을 걸었다
내 이제 죽어서도 증오의 죄는 없다
내 이제 죽어서도 그리움의 죄는 없다
나는 언제나 너를 죽이고 싶었으나
나는 언제나 너를 사랑하고 싶었다
너를 위해 내 목숨을 버릴 수는 있어도
나를 위해 내 목숨을 구할 수는 없었다
내 이제 너를 위해 흰 손수건을 흔드나니
봄밤에 별들마저 흔들어 깨우나니
한반도에 엎드려 평생을 울어본 자는 알리라
비가 개이고 하늘이 맑아
별들이 총총히 우리를 내려다본다

사　　랑

그대는 내 슬픈 운명의 기쁨
내가 기도할 수 없을 때 기도하는 기도
내 영혼이 가난할 때 부르는 노래
모든 시인들이 죽은 뒤에 다시 쓰는 시
모든 애인들이 끝끝내 지키는 깨끗한 눈물

오늘도 나는 그대를 사랑하는 날보다
원망하는 날들이 더 많았나니
창 밖에 가난한 등불 하나 내어 걸고
기다림 때문에 그대를 사랑하고
사랑하기 때문에 그대를 기다리나니

그대는 결국 침묵을 깨뜨리는 침묵
아무리 걸어가도 끝없는 새벽길
새벽 달빛 위에 앉아 있던 겨울산
작은 나뭇가지 위에 잠들던 바다
우리가 사랑이라고 부르던 사막의 마지막 별빛
언젠가 내 가슴 속 봄날에 피었던 흰 냉이꽃

사 랑

나는 너의 시체다
5월의 푸른 강물 위로 떠오른
차디찬 너의 죽음이다
너와 나의 끝없는 사랑을 위하여
그 누군가가 강가로 끌어올린
꽃다운 너의 시체 위에 내리는 햇살이다

너는 나의 시체다
봄날의 강물 위로 말없이 떠오른
너는 나의 분노의 시체다
너와 나의 운명을 사랑하기 위하여
모든 죽음의 눈물을 아름답게 하기 위하여
눈부신 너의 주검 위로 지나가는 바람이다

어떤 사랑

내가 너를 사랑했을 때
너는 이미 숨겨 있었고
네가 나를 사랑했을 때
나는 이미 숨겨 있었다

너의 일생이 단 한번
푸른 하늘을 바라보는 일이라면
나는 언제나
네 푸른 목숨의 하늘이 되고 싶었고
너의 삶이 촛불이라면
나는 너의 붉은 초가 되고 싶었다

너와 나의 짧은 사랑
짧은 노래 사이로
마침내 죽음이
삶의 모습으로 죽을 때
나는 이미 너의 죽음이 되어 있었고
너는 이미 나의 죽음이 되어 있었다

겨 울 밤

목숨을 버린 밤이었다
길을 가면서 길을 물었던 밤이었다
마지막으로 너를 만났던
너를 잃으면 모든 것을 잃게 되었던
첫눈 내리던 밤이었다
언제나 서서 잠이 든 밤이었다
부랑자들이 서울역 지하도에 모여 잠이 든
정의를 좇다가 사랑을 잃은 한 사제도 깊이 잠이 든
별들도 사라져버린 밤이었다
별들 사이에서 희망조차 필요없었던
내가 마지막으로 별들을 바라본 밤이었다
눈은 갈수록 많이 내리고
내가 사랑이라고 따르던 사람의 눈물조차도
눈발에 죽어버린 밤이었다

어느 시인의 죽음

그는 혼자 죽었다
새벽 지하철을 타고 가다가
진달래가 피기도 전에
아침 이슬처럼
혼자 잠이 들었다

그는 진실을 통하여
진리에게로 가려고 했다
남을 사랑하며 산다는 것이
거짓이었던 그는
쉰 밥을 말려 마당에
닭모이를 뿌리시던
고향의 어머니를 생각하며
잠이 들었다

시인들은 죽어서도
시를 쓴다

시인들은 죽어서도
시집을 낸다
그리고 그 시집을
별들에게 바친다

너의 날개

푸른 하늘이 아니라도 좋다
햇살이 빛나는 눈물의
가을 하늘이 아니라도 좋다
너의 봄에는
별이 오지 않아도 좋고
너의 가을에는
낙엽이 떨어지지 않아도 좋다

너는 새벽이 되어서야 돌아왔으므로
몰매를 맞고
사막의 언덕처럼
무릎을 꿇고 돌아왔으므로
가랑비도 내리지 않고
밤은 고요히 깊어갔으므로
어머니의 손길이
너의 가슴에 닿았을 때
너는 이미 싸늘하게 식어 있었으므로

푸른 하늘이 아니라도 좋다
사랑한다는 말 한마디 하지 못하고
어둠이 내리고 별이 반짝여도
네가 날아가야 할
가을 하늘이 아니라도 좋다

별들은 따뜻하다

하늘에는 눈이 있다
두려워할 것은 없다
캄캄한 겨울
눈 내린 보리밭길을 걸어가다가
새벽이 지나지 않고 밤이 올 때
내 가난의 하늘 위로 떠오른
별들은 따뜻하다

나에게
진리의 때는 이미 늦었으나
내가 용서라고 부르던 것들은
모든 거짓이었으나
북풍이 지나간 새벽거리를 걸으며
새벽이 지나지 않고 또 밤이 올 때
내 죽음의 하늘 위로 떠오른
별들은 따뜻하다

가을꽃

이제는 지는 꽃이 아름답구나
언제나 너는 오지 않고 가고
눈물도 없는 강가에 서면
이제는 지는 꽃도 눈부시구나

진리에 굶주린 사내 하나
빈 소주병을 들고 서 있던 거리에도
종소리처럼 낙엽은 떨어지고
黃菊도 꽃을 떨고 뿌리를 내리나니

그동안 나를 이긴 것은 사랑이었다고
눈물이 아니라 사랑이었다고
물 깊은 밤 차가운 땅에서
다시는 헤어지지 말자 꽃이여

새 벽 눈

나는 너를 사랑하는 목숨
희망의 포로
너는 우리 앞에 서 있는 새벽빛
추운 바람 속에서 별들은 흐느끼고
꽃은 꺾여 찬 거리에 흩어졌으나
나는 너의 운명과의 약속을 지켜야 한다
사랑은 가고 가슴만 남아
노래는 가고 눈물만 남아
야윈 어깨 위의 눈을 털고 쓸쓸히 가는
너는 내가 사랑하는 목숨
희망의 포로
언제나 나의 운명 앞에 내리는 새벽눈

기 다 림

눈이 내리기를 기다리며
산을 바라본다

산이 무너지기를 기다리며
눈이 내린다

하늘이 무너지기를 기다리며
눈길을 걷는다

나에게는 아직도
복수의 길이 남아 있다

밤이 되자
별들도 술이 취했다

또 기다림

그대를 기다리다가
밤하늘에 손톱 하나 뽑아 던졌습니다
그대를 기다리다가
손톱 하나 뽑아 던지고 별이 되었습니다
세상은 아직도 죽지 않았다기에
봄밤에 별 하나 뜨지 않는다기에
오늘도 손톱 하나 뽑아 던지고 밤새 울었습니다
기다릴수록 그대는 오지 않고
바라볼수록 그대를 바라볼 수 없어
산도 메아리도 끊어질 때까지
한 사람 가고 나면 또 한 사람
붉은 손톱 뽑아 던지고 별이 되었습니다

비닐우산

오늘도 비를 맞으며 걷는 일보다
바람에 뒤집히는 일이 더 즐겁습니다

끝내는 바람에 뒤집히다 못해
빗길에 버려지는 일이 더 즐겁습니다

비 오는 날마다
나는 하늘의 작은 가슴이므로
그대 가슴에 연꽃 한 송이 피울 수 있으므로

오늘도 바람에 뒤집히는 일보다
빗길에 버려지는 일이 더 행복합니다

제 2 부

북한강에서
북한산에서
휴전선에서
휴전선에서
다시 휴전선에서
철원역에서
다시 철원역에서
윤동주 무덤 앞에서
詩人 尹東柱之墓
어떤 遺書
두만강에서
백두산을 오르며
天池에서
천지호텔 창가에 서서
백두산
어느 봄날
北韓産 명태에게
또 하나의 조국
백범 묘소 앞에서

북한강에서

너를 보내고 나니 눈물 난다
다시는 만날 수 없는 날이 올 것만 같다
만나야 할 때에 서로 헤어지고
사랑해야 할 때에 서로 죽여버린
너를 보내고 나니 꽃이 진다
사는 날까지 살아보겠다고
기다리는 날까지 기다려보겠다고
돌아갈 수 없는 저녁 강가에 서서
너를 보내고 나니 해가 진다
두 번 다시 만날 날이 없을 것 같은
강 건너 붉은 새가 말없이 사라진다

북한산에서

지금 그의 무덤을 기억하는 사람은
아무도 없다

지금 그의 무덤을 자유의 무덤이라고
부르는 자는 아무도 없다

낙동강 들깨밭에 내리는 새벽비를
개마고원 강냉이잎에 내리는 늦가을 빗소리를

지금 조국의 빗소리라고 듣고 있는 사람은
아무도 없다

우리는 서로 갈라섰는데
우리는 서로 피를 흘렸는데
올해도 진달래는 더욱 붉게 피는데

나는 갈대같이 야윈 어머니를 껴안고
울었다

휴전선에서

하늘이 무너질 때까지 너를 기다렸다
눈부시게 밝은 햇살 아래 엎드려
하늘이 무너지고 눈이 내릴 때까지
너를 사랑했다

눈물 없이 꽃을 바라볼 수 없고
눈물 없이 별들을 바라볼 수 없어
흩어졌던 산안개가 다시 흩어질 때까지
죽어서 사는 길만 걸어서 왔다

녹슨 철조망 사이로
청둥오리떼들은 말없이 날아갔다 돌아오고
산과 산은 이어지고
강과 강은 흘러 흘러

누가 내 가슴 속
푸른 하늘을 빼앗아갔을지라도

사랑할 때와 죽을 때에
별들을 조용히 흔들어보았다

휴전선에서

그대 봄날에 휴전선 모퉁이에
흰 냉이꽃으로 피어나 울고 있구나
그대 봄날에 휴전선 너머
하얀 찔레꽃으로 피어나 웃고 있구나
밤이 와도 그대는 푸른 하늘
봄이 오지 않는 조국의 푸른 바람
내 언젠가 그대의 강가를 거닐었으나
꽃잎 같던 그대의 발자국 소리를 잊었으나
내 죽으면 그대 가슴에 나를 묻으리
그대 죽으면 내 가슴에 그대 묻으리

다시 휴전선에서

지금은 죽을 때가 아니다
그때가 죽을 때였다

지금은 헤어질 때가 아니다
그때가 헤어질 때였다

나는 너를 사랑하기 전에
이미 사랑하고 있었고

나는 너를 기다리기 전에
이미 기다리고 있었다

보라
그는 무덤이 되어
조국이 되었으나

우리는 사랑이 되어
조국이 되었다

철원역에서

철원역에서 기차를 기다렸다
어느 겨울날
흰눈을 맞으며
원산을 떠나 서울로 가는
새벽 첫차를 기다렸다
죽은 들풀들이
죽어서 다시 사는 들녘에서
금강산 장안사로 간
아버지를 기다렸다

철원역에서 기차를 기다렸다
함박눈을 맞으며
서울을 떠나 원산으로 가는
밤열차를 기다렸다
월정역을 지나 평강역을 지나
원산에 내리면
지금 누가 기다리고 있을 것인가

재두루미들이 무심히 사라진
하늘을 보며
언제나 그리운 그대를 생각했다

다시 철원역에서

봄기차가
내 가슴 위로 지나간다
하얀 치자꽃 같은 너를 싣고
봄기차가
내 가슴의 철교 위를 지나간다
강물은 시퍼렇게 출렁이는데
단 한마디 말도 없이
눈물도 없이
내 야윈 가슴 위로
봄기차는 달린다
산모퉁이를 돌아
38선을 넘어
금강산 가는 길 옆
푸른 보리밭 이랑 사이로
끝끝내 사라지는 너를 보내고
나는 이제 너를
사랑하지 않겠다

서울역에 혼자 남아
김밥 하나 사 먹고
끝끝내 나는 너를
사랑하지 않겠다

윤동주 무덤 앞에서

이제는 조국이 울어야 할 때다
어제는 조국을 위하여
한 시인이 눈물을 흘렸으므로
이제는 한 시인을 위하여
조국의 마른 잎새들이 울어야 할 때다

이제는 조국이 목숨을 버려야 할 때다
어제는 조국을 위하여
한 시인이 목숨을 버렸으므로
이제는 한 젊은 시인을 위하여
조국의 하늘과 바람과 별들이
목숨을 버려야 할 때다

죽어서 사는 길을 홀로 걸어간
잎새에 이는 바람에도 괴로웠던 사나이
무덤조차 한 점 부끄럼 없는
죽어가는 모든 것을 사랑했던 사나이

오늘은 북간도 찬 바람결에 서걱이다가
잠시 마른 풀잎으로 누웠다 일어나느니
저 푸른 겨울하늘 아래
한 송이 무덤으로 피어난 아름다움을 위하여
한 줄기 해란강은 말없이 흐른다

詩人 尹東柱之墓

무덤 속에서도 만나보고 싶은 사람이 있다
무덤 속에서도 바라보고 싶은 별들이 있다

잎새에 이는 바람은 잠이 들고
바다는 조용히 땅에 눕는다

그 얼마나 어둠이 깊어갔기에
아침도 없이 또 밤은 오는가

무덤 속에서도 열어보고 싶은 창문이 있다
무덤 속에서도 불러보고 싶은 노래가 있다

어떤 遺書

내일 어머니를 만난다 평양에서
이제 나에게는 아무 소원도 없다

쌀 한 말 짊어지고 떠난 네가
지금까지 어떻게 살아 있었느냐
어머니는 뒷간 살구나무 아래에서 달려나와
늙은 눈물을 그치지 않는다
한번 내리기 시작한 함박눈도 그치지 않고
휴전선도 눈물을 그치지 않는다

하늘이 무너질 때마다 쓰러져 나뒹굴며
밭고랑 사이에 돋아난 잡초더미를
놓칠세라 힘껏 움켜쥐고 살아온 나는
아 진리에서 멀다

마침내 죽음의 눈물도 잠이 드는
평양에서

두만강에서

호르지 않는 강이 있었다
우리의 가슴 속으로만 흐르는 강이 있었다
강물소리조차 들리지 않는 中朝 국경지대
겨울새들만 북한땅으로 날아다니는 두만강에서
나는 강 건너 북한땅을 눈물 없이 바라보았다
멀리 겨울 비안개 사이로
김일성주체사상탑이 보이고
눈 내린 남양땅 산기슭에
속도전 세 글자가 희미하게 보였다

건널 수 없는 강이 있었다
우리의 가슴 속으로만 건널 수 있는 강이 있었다
바람을 따라 강 굽이를 돌아서자
겨울강 위에 앉았던 새들이
일제히 북한땅 강기슭으로 날아올랐다
북녘땅 강변의 마른 나뭇가지 사이로
마을의 아침 연기가 아련히 피어오르고

도문교 위로 리어카를 끌고 한 사내가
북한땅으로 천천히 들어가는 게 보였다

백두산을 오르며

백두산에 도착하자 눈이 내리기 시작했다
흰 자작나무 사이로
외롭게 걸려 있던 낮달은 어느새 사라지고
잣까마귀들이 떼지어 날던 하늘 사이로
서서히 함박눈은 퍼붓기 시작했다
바람은 점점 어두워지고
멀리 백두폭포를 뒤로 하고
우리들은 말없이 천지를 향해 길을 떠났다
눈 속에 핀 흰 두견화를 만날 때마다
사랑한다 사랑한다고 속삭이며
우리들은 저마다 하나씩 백두산이 되어갔다
눈보라가 장백송 나뭇가지를 후려 꺾는 風口에서
마침내 운명을 사랑하는 사람이 되는 일은 어려운
일이었다
올라갈수록 더 이상 올라갈 수 없는
내려갈수록 더 이상 내려갈 수 없는
눈보라치는 백두산을 오르며

우리들은 다시 천지처럼
함께 살아가야 할 날들을 생각했다

天池에서

바람도 숨을 거두고
하늘도 마지막 숨을 거둔다
하늘보다 더 큰 하늘이 내려앉은
천지의 수면 위로
북한땅 흰 구름떼들이 몰려 지나간다

빤히 건너다보이는 兵使峰
핏줄이 흐르는 안개를 헤치고
북조선 초소 쪽으로 가는 길 앞에서
나는 어쩔 수 없이 발을 멈춘다

천지의 하늘을 가르며 칼새들만이
북한땅 천지 쪽으로 날아가고
침묵의 침묵으로 깎아 드리운 절벽 끝에서
나는 한 개 작은 바위가 되어
북한땅 백두산을 바라본다

백두산 흰눈 속에
한 송이 두견화로 피어 있는 그대
천지 물가에 말없이 앉아
노란 바위구절초 한 송이로 피어 있는 그대

천지호텔 창가에 서서

눈 내린 백두산에 올라
천지를 보고 온 날
우리들은 가슴 속에 하나씩
천지를 만들고 잠이 들었으나
잠은 오지 않았다

잠시 그쳤던 눈이 다시 내리는
천지호텔 창가에 서서
어두운 밤 유리창 너머
흰 악화나무 가지 사이로 어른거리는
그대 생각에

언제나 해를 등지고 어둠 속을 걸어가던
날마다 마지막 만나던 날처럼 기다려왔던
이제는 두 번 다시 만날 수 없는
그대 생각에

잠은 오지 않았다
죽음이 지나간 시대
다시 찾아온 죽음의 시대에
진정 그리운 것은 아름다운 것인가

눈 내리는 백두산의 밤이 깊어갈수록
천지호텔 창가에 서서
백두산에 봄이 오면
백두산 눈 녹은 물이
낙동강으로 흐른다면

백 두 산

 백두산은 울고 있었다. 밤이 깊어갈수록 잠을 못 이루고 두만강을 따라 몇 번씩 몸을 뒤채이다가 온몸에 흰눈을 뒤집어쓴 채 백두산은 남으로 가고 있었다.

 봄이 오기를 기다리며 우리의 사랑이 언젠가 다시 이루어질 것을 믿으며 두만강을 건너 묘향산을 지나 백두산은 한라산을 만나러 가고 있었다.

 하늘을 찌를 듯이 서 있던 미인송들도 어깨의 눈을 털고 백두산을 따라가고 멀리 흰 비단폭을 펼친 듯 흐르던 백두폭포도 말없이 백두산을 따라가고 있었다.

 백두산 사슴떼들도 자작나무도 장백패랭이꽃도 바위 종달새도 백두산을 따라가고 백두산이 한번씩 발을 쿵쿵 내디딜 때마다 천지의 푸른 물이 출렁거렸다.

 그러나 그날 새벽 먼동이 틀 무렵, 백두산은 휴전선

앞에서 울고 있었다. 하늘 끝도 갈라진 휴전선을 뛰어 넘다가 무릎을 꺾고 쓰러지고 말았다. 천지의 물은 그대로 쏟아져 평양과 서울을 휩쓸고 지나갔다.

어느 봄날

하늘에 라일락꽃이 피던 어느 봄날이었다. 시청역에서 태평로 파출소 앞을 지나 성공회 성당 뜰 앞으로 난 작은 오솔길을 지날 때였다. 청바지를 입은 대학생 몇 명이 평양교회를 위한 모금함 하나를 내려놓고 기타를 치며 성가를 부르고 있었다.

흰눈이 내려 쌓인 평양 봉수교회와 종탑 위로 까치집 하나 외롭게 걸려 있는 평양 장충성당 사진들을 라일락 나뭇가지 위에 걸어놓고 그들은 하나의 모금함이 되어 평양교회를 위한 노래를 부르고 있었다.

또 하나의 조국의 길을 찾아 노래는 햇살이 되어 또 바람이 되어 길 잃은 서울의 모든 길을 떠나갔으나 그 어디에도 그들이 가야 할 길은 보이지 않았다.

성공회 성당의 비둘기 몇 마리가 모이 쪼는 시늉을 하다가 후다닥 날아가고 아이들 몇 명이 모금함에 동

전 몇 개를 집어넣고는 봄햇살이 되어 돌아갔을 뿐 아무도 그들이 만드는 조국과 사랑의 길을 걸어가는 사람은 없었다.

해가 지고 저녁달이 뜨고 드디어 라일락 향기가 어둠 속으로 사라질 때까지 그들은 계속 기타를 치며 고요히 성가를 불렀으나 서울의 어둠만이 평양교회를 위한 모금함 위에 내려앉아 잠깐씩 눈물을 내비칠 뿐이었다.

서울의 별과 바람이 잠이 들고 평양의 새벽별까지 잠이 들었을 때 성공회 성당 십자가 위에 걸린 청년 예수가 살며시 내려와 천원짜리 한 장을 모금함 속에 집어넣고 다시 십자가 위에 걸리는 것을 아무도 본 사람은 없었다.

北韓産 명태에게

하늘은 붉고 날은 흐리다
어머니는 오늘도 겨울산에 올라
북으로 간 아버지를 그리워한다
너 무슨 그리움의 죄가 그리 많아서
원산 덕장 찬바람 속에 매달려 있었느냐
하늘 향해 겨우내 입을 딱 벌리고
두 눈 부릅뜬 채 기다리고 있었느냐
북으로 간 아버지를 기다리던 어머니는
온몸에 물기 하나 남기지 않고
대관령 눈보라에 황태가 되어
북녘 하늘 바라보다 온몸이 뜯기나니
네 가슴은 아직도 동해의 푸른 물결
이제는 죽음도 눈물도 아프지 않아
흰 새벽 찬바람에 눈이 시리다

또 하나의 조국

내 붉은 만리포의 해당화 되어
내 그리운 금강산의 갈대꽃 되어
조국의 무덤 위에 피어나리라
무덤 속에서도 결코 잊지 않았다는
이 눈물밖에 오직 드릴 것이 없사오나
지금은 아득히 피의 강은 흘러
휴전선도 피에 젖어 흐느끼나니
압록강을 건너는 철새가 되어
백두산을 날으는 기러기떼 되어
내 새벽 별빛으로 너를 불러보리라
내 새벽 바람으로 너를 안아보리라

백범 묘소 앞에서

혁명은 따뜻하다
두만강 물소리가 들린다
휴전선을 넘어
더 깊은 조국으로 가는 길은 없다
밤은 깊어가도 하늘은 더 푸르고
별은 스러져도 바람은 더 푸르러
38푯말 앞에 아직 홀로 서 있다
지금도 이 길이 마지막 길
멀리 관악산이 울다가 잠이 들고
한강 철교를 지나가는
광복군들이 보인다

제 3 부

눈 길
저녁별
겨울날
산길에서
길
무덤에서
꽃
임진강에서
눈 발
별 하나의 나그네 되어
그 사내
간디에게
어머니
金宗三
朴正萬
히로히토에게
삶
가난한 사람에게
겨울꽃
마지막 편지

눈   길

그는 가고 없다 마지막 날에
눈길을 내고 그는 가고 없다

앉은뱅이꽃 하나 눈길 밖으로
마른 대궁을 쳐들고 울고 있고
또 누구의 꽃상여 하나 울며 지나간다

이 강산 천지의 눈길을 따라
누가 내 가슴의 무덤을 안고 가나

꽃상여가 지나간 눈길 위에
오늘따라 바람의 냄새는 차다

저 녁 별

빈 손을 들고 무덤으로 간다
국화 몇 송이 문득 강가에 내던지고
오직 빈 손으로 저녁날 무덤가에 가서
마른 풀들의 가슴에 내 가슴을 묻는다
분노가 있어야 사랑은 있고
희망이 있어야 노래는 있는가
검정딱새 한 마리 내 뒤를 따라와
눈물의 붉은 비 거두어가고
어느덧 무덤가에 스치는 저녁별

겨 울 날

그 깃발 아래로 눈이 내린다
벌써 진달래는 진 지 오래다
아무도 이 세상에 불을 지르러 오지 않고
눈길에 발자국을 남긴 자는 괴롭다
벼랑 위에 내리는 진눈깨비는
녹는 것이 서러워 또 내리고
그 깃발 아래로 날리는 눈발

산길에서

해가 떠도 그대 그림자가 없네
무덤 위에 내리는 봄눈이 되어
어둔 하늘 건너서 어디로 갔나
진달래꽃 새벽을 보지 못하고
밤 사이 붉은 피 쏟고 간 뒤에
北窓의 바람 따라 강가로 갔나
해는 져도 그대는 보이지 않고
무덤은 왜 그리 슬프게 생겼는지
잎새마다 이슬끼리 떨어지는 소리
산길마다 메아리도 끊어지는 소리

길

나 돌아갈 수 없어라
너에게로

그리운 사람들의
별빛이 되어

아리랑을 부르는
저녁별 되어

내 굳이 너를 마지막 본 날을
잊어버리자고

하얀 손수건을 흔들며
울어보아도

하늘에는 비 내리고
별들도 길을 잃어

나 돌아갈 수 없어라
너에게로

무덤에서

무덤 속에 누워서 창문을 열면
때로는 눈 내리는 날도 있어
딱 딱 삭정이 꺾이는 소리
무덤가에 나뒹구는 솔방울 몇 개
눈 맞으며 하염없이 나를 바라보는
그 눈빛 서러워 노래라도 부르면
때로는 싸리꽃 피는 날도 있어
푸른 하늘 날으는 죽은 새의 그림자

꽃

내 꽃으로 태어나서
자유의 꽃이 되었네

사랑과 노동 사이에서
노동과 자유 사이에서

두 번 다시 진달래는
붉게 피지 않아도

백두산 천지의 봄날이 되어
꽃잎처럼 흩어져간 너를 위하여

내 꽃으로 태어나서
해방의 꽃이 되었네

임진강에서

아버지 이제 그만 돌아가세요
임진강 샛강가로 저를 찾지 마세요
찬 강바람이 아버지의 야윈 옷깃을 스치면
오히려 제 가슴이 춥고 서럽습니다
가난한 아버지의 작은 볏단 같았던
저는 결코 눈물 흘리지 않았으므로
아버지 이제 그만 발걸음을 돌리세요
삶이란 마침내 강물 같은 것이라고
강물 위에 부서지는 햇살 같은 것이라고
아버지도 저만치 강물이 되어
뒤돌아보지 말고 흘러가세요
이곳에도 그리움 때문에 꽃은 피고
기다리는 자의 새벽도 밝아옵니다
길 잃은 임진강의 왜가리들은
더 따뜻한 곳을 찾아 길을 떠나고
길을 기다리는 자의 새벽길 되어
어둠의 그림자로 햇살이 되어

저도 이제 어디론가 길 떠납니다
찬 겨울 밤하늘에 초승달 뜨고
초승달 비껴가며 흰 기러기떼 날면
그 어디쯤 제가 있다고 생각하세요
오늘도 샛강가로 저를 찾으신
강가에 얼어붙은 검불 같은 아버지

눈 발

별들은 죽고 눈발은 흩날린다
날은 흐리고 우리들 인생은 음산하다
북풍은 어둠 속에서만 불어오고
새벽이 오기 전에 낙엽은 떨어진다
언제나 죽음 앞에서도 사랑하기 위하여
검은 낮 하얀 밤마다 먼 길을 가는 자여
다시 날은 흐르고 낙엽은 떨어지고
사람마다 가슴은 무덤이 되어
희망에는 혁명이
절망에는 눈물이 필요한 것인가
오늘도 이 땅에 엎드려 거리낌이 없기를
다시 날은 흐리고 약속도 없이
별들은 죽고 눈발은 흩날린다

별 하나의 나그네 되어

내 그대의 나그네 되어
그대 하늘로 돌아가리라

마지막 시대의
마지막 노래를 부르며

내 다시 창을 열고
별을 헤어보리라

함박눈이 까맣게 하늘을 뒤엎어도
그대 하늘의 가슴 속으로

나는 아직 고통과
죽음의 신비를 알지 못하나

내 그대 별 하나의 나그네 되어
그대 하늘로 돌아가리라

그 사내

그 사내 이제는
태백산맥으로 누워 있네

객주집은 없어도
저녁눈을 맞으며

눈길이 되어
한반도에 누워 있더니

그 사내 이제는
삭풍이 되어

백매화 홀로
바람에 날리네

간디에게

나는 그대의 소금으로 만든
김치를 먹고 산다

나는 그대의 소금을 넣고 끓인
국밥을 먹고 산다

나는 그대의 소금으로 만든
주먹밥을 들고 길을 떠난다

조국의 운명을 만들다가
끝끝내 조국의 운명이 되고 만
그대의 길가에

단식을 끝내고
노란 산나리꽃 한 송이
피었다 진다

어 머 니

호롱불 켜놓고 밤새워
콩나물 다듬으시던 어머니
날 새기가 무섭게 콩나물다라이 이고 나가
온양시장 모퉁이에서 밤이 늦도록
콩나물 파시다가 할머니 된 어머니
그 어머니 관도 없이 흙 속에 묻히셨다
콩나물처럼 쓰러져 세상을 버리셨다
손끝마다 눈을 떠서 아프던 까치눈도
고요히 눈을 감고 잠이 드셨다
일평생 밭 한 뙈기 논 한 마지기 없이
남의 집 배추밭도 잘도 잘 매시더니
배추 가시에 손 찔리며 뜨거운 뙤약볕에
포기마다 짚으로 잘도 싸매시더니
그 배추밭 너머 마을산 공동묘지
눈물도 없이 어머니 산 속에 묻히셨다
콩나물처럼 누워서 흙 속에 묻히셨다
막걸리에 취한 아버지와 산을 내려와

앞마당에 들어서니 어머니 말씀
얘야, 돌과 쥐똥 아니면
곡식이라면 뭐든지 버리지 말아라

金宗三

세상을 아름답게 하기 위하여
가장 높은 가지 위에 집을 짓다가

홀로 바람 되어
산길 따라 떠난 사내

지은 죄 많아 영혼 없어도
이제는 죽음도 아프지 않아

별들의 시냇물 소리에
새벽잠 드는 사내

朴 正 萬

내 무덤 위로
푸른 하늘이 잠시 머무르게 해다오
바람이 불고 눈이 내리고
내 무덤이 평평해질 때까지
누가 제비붓꽃 한 송이 피어나게 해다오
내 무덤 앞으로 난
길도 없는 길을 걷다가
뜻밖에 저녁 노을이 질 때
누가 잠시 발길을 돌려
작은 나무십자가 하나를 세워다오
밤바람이 흘러가는 곳으로
새벽별들이 스러지면
또 누구 한 사람 발길을 멈추고
촛불 하나 켜주고는 돌아가주오

히로히토에게

너는 죽어서도 죽을 수 없다
너는 죽어서도 우리가 용서할 수 없다
너는 죽어서도 무덤에 잠들 수 없다
너는 무덤에서도 살아서 죽어야 한다
한반도에 내뱉은 너의 가래침이
아직도 마르지 않았음을 나는 아노니
너는 죽어서도 죽은 자의 행복을 누릴 수 없다
너는 죽어서도 죽은 자의 웃음을 웃을 수 없다
너는 죽어서도 대한해협을 헤엄쳐 건너와
남북한 집집마다 고개 숙여야 하노니
하느님은 우리보다 자비로우시도다
죽음은 우리보다 평화로우시도다

삶

살아야 한다
또다시 살아서 죽어야 한다
망망한 서울의 바다
개처럼 끌려간 시위대들이
어둠속으로 사라진 바다
거리엔 바람이 피를 흘리고
용서할 수 없는 밤은
또다시 깊어
죽어서 사는 길을 찾아야 한다
죽어도 살아서 죽어야 한다
죽음을 두려워하지 않는 재갈매기들이
삼각파도를 입에 물고 사라진
바다

가난한 사람에게

내 오늘도 그대를 위해
창 밖에 등불 하나 내어 걸었습니다
내 오늘도 그대를 기다리다 못해
마음 하나 창 밖에 걸어두었습니다
밤이 오고 바람이 불고
드디어 눈이 내릴 때까지
내 그대를 기다리다 못해
가난한 마음의 사람이 되었습니다
눈 내린 들길을 홀로 걷다가
문득 별을 생각하는 사람이 되었습니다

겨 울 꽃

해는 저물어도 꽃은 지지 않네
밤은 깊어가도 꽃의 피는 흐르네
붉은 땅 철길 너머 새벽비 오면
아직 너의 웃음소리로 가득 찬 세상
너의 삶에는 피얼룩이 지지 않기를
마음 모아 간구하던 날들은 가고
너는 아직 강가에 무덤이 없이
꽃잎마다 칼이 되어 흩날리노니
날이 저물어도 꽃은 지지 않네
산은 깊어가도 꽃의 피는 흐르네

마지막 편지

축하한다
이가 시리도록
차고 맑게 살다 간
너의 일생을

축하한다
눈보다 희고
짧고 작게 살다간
너의 영혼을

축하한다
그러나
한반도는 쓸쓸하다

북한산에
눈이 내리고
또 녹았다

■ 跋文

죽음과 부활을 일깨우는 상징적 言表

李　東　洵

1

　정호승 시인이 이번에 펴낸 그의 네번째 시집을 읽어가면서 우리는 시인 자신이 유난한 집념을 보이고 있는 몇 가지의 시어를 발견한다. 그것은 '무덤' '죽음' '시체' 따위의 비극적 이미지를 반영하는 어휘들이다.

　이 가운데 특히 '무덤'이란 낱말은 시집 전체를 통틀어 대충 살펴본 것만으로도 30회는 족히 넘는다. 그 밖에도 '무덤'과 관련된 말, 이를테면 '공동묘지' '묻다' '마지막' '사막' 등속까지 합치면 아마 백여 회를 훨씬 더 상회할 것이다.

　시인이 한 권의 시집 속에서 어떤 특정한 빛깔의 어휘에 대하여 집중적인 관심을 갖고 있다면 거기엔 그만한 이유가 서려 있을 것이다. 이 이유를 제대로 알아보기 위해서 우리는 지금부터 그의 시집 『별들은 따뜻하다』를 다시금 처음부터 찬찬히 읽어보기로 한다.

2

 무덤의 일반적 의미는 시체나 유골을 땅에 묻고 일정한 표시를 해둔 곳을 말한다. 정호승 시집에서의 '무덤'의 의미도 그것이 비극적 의미로의 해석일 때는 의미의 일반성과 그대로 연결된다.
 즉 '무덤'은 현존하는 인간들의 장소이며, 동시에 그것은 살기 힘든 세상, 죽은 현실, 의미없는 과거, 부질없었던 사랑 등의 표상이다. 대상에 대한 불타오르는 증오심과 욕정, 세속적인 이기심, 온갖 희망의 소멸 등도 인간이 한 세상을 살아가는 일에 있어서 '무덤'과 무엇이 다를 것인가.
 인간의 비인간화를 부채질하는 인간성 부재, 반인간주의, 제국주의, 분파주의, 생명의 본체성을 다시는 회생이 불가능하도록 낱낱이 파괴하는 물신의 폭력, 통일될 전망을 나타내지 않은 채 여전히 분단상태에서 신음하는 조국의 모습 또한 '무덤' 속의 생활과 다를 바 없다.

 ⅰ) 오늘도 내 마음이 무덤입니다
     ――「갈대」부분
 ⅱ) 산그림자가 소리없이 내 무덤을 밟고 지나가면
     ――「당신에게」부분
 ⅲ) 푸른 땅 끝 그 무덤 속에 너는 있다
     ――「푸른 애인」부분
 ⅳ) 내 무덤 위로/푸른 하늘이 잠시 머무르게 해다오
     ――「박정만」부분

ⅴ) 너는 죽어서도 무덤에 잠들 수 없다
　　　　　　　——「히로히토에게」 부분
ⅵ) 그 배추밭 너머 마을산 공동묘지
　　　　　　　——「어머니」 부분
ⅶ) 무덤 위에 내리는 봄눈이 되어(……)/무덤은 왜 그리 슬프게 생겼는지
　　　　　　　——「산길에서」 부분
ⅷ) 누가 내 가슴의 무덤을 안고 가나
　　　　　　　——「눈길」 부분
ⅸ) 빈 손을 들고 무덤으로 간다(……)/오직 빈 손으로 저녁날 무덤가에 가서(……)/어느덧 무덤가에 스치는 저녁별
　　　　　　　——「저녁별」 부분
ⅹ) 무덤 속에 누워서 창문을 열면(……)/무덤가에 나뒹구는 솔방울 몇 개(……)/푸른 하늘 날으는 죽은 새의 그림자
　　　　　　　——「무덤에서」 부분
ⅺ) 한 송이 무덤으로 피어난 아름다움을 위하여
　　　　　　　——「윤동주 무덤 앞에서」 부분
ⅻ) 내 그리운 금강산의 갈대꽃 되어/조국의 무덤 위에 피어나리라
　　　　　　　——「또 하나의 조국」 부분

　많은 사람들은 지금 자기가 살아가고 있는 시대와 환경이 '무덤'이 아니라고 생각한다. 사람들이 자신의 삶을 얼마나 성실하게 살아가며, 얼마나 굳건하게 역경을 극복하고 튼튼한 역사를 건설해가는가에 따라서 세상은 무덤이

아닐 수도 있다.

 그러나 대다수의 경우는 세상을 무슨 대단한 호사거리로 착각해서, 사치한 물질로 자신들의 주위를 가득 메운다. 최소한의 깨달음조차 지니지 않은 채. 이렇게 살아가는 사람들의 모습은 그야말로 진정한 생활의 생명력을 지니지 못하고 다만 요란스런 빛깔의 물질적 외식(外飾)으로 그들의 '무덤' 주변을 묘표(墓標)처럼 일정한 표시를 해둔다.

 이처럼 '무덤'과도 같은 세속적인 터전에서 살아가는 사람들은 비록 그들의 육신이 꿈틀거리고는 있지만 기실은 참다운 생명을 지니고 있지 않다. 즉 살아 있는 주검들인 것이다. 살덩이만 살아 있는 인간들은 그들 살덩이의 시간을 조금이라도 더 연장해보기 위해 갖은 방법을 동원하지만, 대개는 그러한 탐욕과 이기심 때문에 도리어 일찍 죽어버리고 만다. 마치 한 마리의 징그러운 벌레와도 같이. 그러기에 시인은 세속성에 눈먼 사람들을 향하여 다음과 같이 진정한 죽음의 의미를 들려준다.

    살아야 한다
    또다시 살아서 죽어야 한다

        (중략)

    거리엔 바람이 피를 흘리고
    용서할 수 없는 밤은
    또다시 깊어
    죽어서 사는 길을 찾아야 한다

죽어도 살아서 죽어야 한다
　　　　　　　　　　　——「삶」부분

　'살아서 죽는다'는 것은 무엇을 말함인가. 이것은 바로 우리네 삶에 더러운 곰팡이처럼 끼어 있는 욕정, 이기심, 분파주의, 봉건성, 반인간주의를 스스로 박멸시키려는 노력이다. 이 부정적인 속성들은 결코 먼 곳에 있는 것이 아니라, 우리들 자신의 내부에 은밀히 감추어져 있다.

　대부분의 사람들은 자신의 내면에 이런 부정적 요소가 깊이 자리잡고 있음을 인정하지 않는다. 이것이 인간을 더욱 독선으로 전락시켜가는지도 모른다. 독선을 죽이는 길! 시인이 시 「삶」에서 말하는 "살아서 죽어야 한다"는 말은 바로 이 진정한 죽음의 실천에 대한 권유이자 당부이다.

　이런 진정한 죽음을 실천하지 못한 인간은 시 「히로히토에게」의 한 대목처럼 '죽어서도 무덤에 잠들 수 없고' 무덤 속에서조차 다시 살아서 '완전한 죽음'을 성취시킨 다음에야 비로소 죽을 수 있다는 것이다. '완전한 죽음'을 성취하지 못한 1940년대의 악질적인 전범(戰犯) 히로히토는 "죽어서도 죽은 자의 행복을 누릴 수 없고" "죽어서도 죽은 자의 웃음을 웃을 수 없다"고 단언한다. 이 부분에서의 시인의 발언은 도덕적인 방종과 자기파탄, 무사안일주의에 빠진 동시대의 많은 인간들에게 매운 질책이 된다.

　무릇 모든 인간에게 있어서의 죄악이란 인간 본래의 자아에 대한 방종과 절망 때문에 기인하는 것이라고 시인은 생각한다. 시인은 인간이 자아의 절망에 빠지는 상태야말로 질병의 상태이며, 이 질병의 상태가 인간을 영원한 죽음으로 떨어뜨린다고 여긴다.

 질병상태의 세상, 혹은 질병상태를 깨닫지 못하고 맹목적인 삶을 살아가는 인간들의 군거(群居)! 바로 이것을 '무덤'이라고 시인은 말한다. 인간의 이러한 무덤 상태를 극복할 수 있는 유일한 방법은 절망으로부터의 철저한 자각이다. 이렇게 생각하는 시인의 도덕적 의지는 다분히 키에르케고르적인 데가 있다.

 절망으로부터의 자각은 반드시 치열성을 수반하는 자기극복의 태도가 되어야 한다. 오랜 세월 동안 자기 속에 깊이 뿌리박고 살아온 욕정을 죽이고, 이기심을 죽이고, 분파주의와 반인간주의의 모든 것까지 모조리 자기 손으로 소멸시켜야 한다. 이러한 자기죽임을 이루어낼 때 비로소 인간은 '살아서 죽는 죽음' 즉 진정한 죽음에 도달할 수가 있는 것이다.

 '살아서 다시 죽는 죽음'을 기독(基督)의 용어로는 부활 또는 거듭남이라고 한다. '살아서 다시 죽는' 부활의 실천을 거칠 때 인간은 '죽어서 다시 사는 죽음'의 영원성으로 되살아날 수가 있는 것이다.

 세속적인 현실 그 자체에 얽매여 있는 생활을 시인은 "죽음이 지나간 시대/다시 찾아온 죽음의 시대"(「천지호텔 창가에 서서」)라고도 하고, "아침이 없이 또 찾아오는 밤"(「시인 윤동주지묘」)이라고도 말한다. 한마디로 밤 위에 또다시 덧쌓이는 밤의 한없이 지루한 연속뿐인 시간이므로. '무덤' 속의 시간이 바로 그것이다. 이런 시간 속에서 아무런 각성의 획기적 마련이 없이 살아가는 삶은 "죽어서도 죽은 자의 행복을 누릴 수 없는"(「히로히토에게」) 죽음이 될 수밖에 다른 도리가 없다.

그러므로 정호승의 시에서의 '무덤' 이미지는 비극적 세계관에 기초한 것이면서 동시에 비극적 현실 자체만을 단순히 일깨우는 것으로 끝나지는 않는다. 그것은 곧 우리가 앞서 두 죽음의 대비과정을 통해 이미 본 바 있는 '아름다운 무덤'까지도 그의 시가 보여준다는 점이다.

이 매력적인 문맥은 우리들로 하여금 무덤이 주는 공포, 불길함, 우울 따위로부터 성큼 벗어나게 한다. 일상적 삶에 지칠 대로 지쳐 있는 우리들에게 이 긍정적 세계의 떠올림은 절망에서 자각으로, 나태에서 왕성한 지적 탐구정신의 발동으로 굳건히 옮겨갈 수 있도록 우리를 격려하고 때론 무섭게 으름장을 놓기도 한다.

삶의 완성, 한 정신의 정점! 이것은 우리 모두가 끊임없이 몸부림으로 다가가야 할 지적 법열의 대상이 아니던가. 갸륵하여라, 시인이여! '죽어서도 죽은 자의 (푸근한) 웃음을 웃을 수 있는 죽음'은 곧바로 통일, 사랑, 조화, 화해, 균형, 일치, 친교, 원융의 정신을 쉽게 풀어서 말하고 있는 것이다. 이것도 모르고 이 시집을 보아선 반쪽 즐거움밖에 되지 않는다.

   ⅰ) 무덤 속에서도 만나보고 싶은 사람이 있다
      무덤 속에서도 바라보고 싶은 별들이 있다
      (중략)
      무덤 속에서도 열어보고 싶은 창문이 있다
      무덤 속에서도 불러보고 싶은 노래가 있다
           ―― 「시인 윤동주지묘」 부분
   ⅱ) 한 사람 가고 나면 또 한 사람

붉은 손톱 뽑아 던지고 별이 되었습니다
　　　　　　　　——「또 기다림」부분
iii) 죽은 들풀들이/죽어서 다시 사는 들녘
　　　　　　　　——「철원역에서」부분
iv) 보라/그는 무덤이 되어/조국이 되었으나//우리는 사랑이 되어/조국이 되었다
　　　　　　　　——「다시 휴전선에서」부분
v) 무덤조차 한 점 부끄럼 없는/죽어가는 모든 것을 사랑했던 사나이
　　　　　　　　——「윤동주 무덤 앞에서」부분
vi) 바람도 숨을 거두고/하늘도 마지막 숨을 거둔다
　　　　　　　　——「천지에서」부분
vii) 내 그리운 금강산의 갈대꽃 되어/조국의 무덤 위에 피어나리라/무덤 속에서도 결코 잊지 않았다는/이 눈물밖에 오직 드릴 것이 없사오나
　　　　　　　　——「또 하나의 조국」부분
viii) 살아야 한다/또다시 살아서 죽어야 한다
　　　　　　　　——「삶」부분

　이 여덟 개의 인용문에는 아름다운 죽음의 종류, 이유, 방법, 정당성 따위가 잘 나타나 있다. 무덤 속에 묻힌 뒤에도 오래오래 기억에 남아 있는 사람은 별로 많지 않을 것이다. 무덤 자체는 잠깐 동안의 어둠을 거쳐 영원한 빛으로 나아가는 덮여진 다리에 불과하다고 성서는 우리들에게 가르친다.
　중세 포르투갈의 시인 까모에스(1524~1580)라는 사람은 매우 불우한 생애 속에 이 세상을 떠나 아무도 그의 무덤

을 모르게 되었다. 그를 존경하는 사람들이 훗날 시인 까모에스가 돌아다닌 곳의 먼지를 모아 훌륭한 무덤을 만들어 기념했다. 먼지 속에는 시인의 몸에서 떨어진 머리카락이나 비듬이 섞여 있으리라 여겼기 때문이다.

 아름다운 무덤이란 바로 이런 것이 아닐까. 육신 따위가 무덤에 무슨 소용이 있으랴. 무덤 속의 백골청태(白骨靑苔)는 하나도 소중하지 않다. 그 무덤 속에 묻힌 이의 '죽어도 죽지 않는' 정신이 소중한 것이다. 헤아릴 수 없이 많은 사람들이 무덤으로 갔고, 또 많은 사람들이 앞으로 무덤으로 갈 것이다. 이때 우리는 보들레르의 한 구절을 떠올린다. "이승은 짧다! 무덤은 기다린다. 무덤은 배고프나니."(시 「악의 꽃」)

 우리가 진실로 이승에서 노력해야 할 것은 '무덤 속에서도 썩지 않는 정신'을 만드는 일이 아닐까. 이런 최소한의 노력 없이는 즉시 배고픈 무덤에 먹혀버리고 말 것이다.

3

 죽음은 끝이 아니라 영원한 생명에로 건너가는 길목이다. 저 유명한 몽떼뉴의 『수상록』도 "죽음을 배운 자는 굴종을 잊고, 죽음의 깨달음은 온갖 예속과 계박에서 우리들을 해방한다"고 말한다. 이 세상의 모든 것이 끊임없이, 줄기차게 새로워질 수 있도록 다른 삶들을 너그럽게 허용하는 것. 이것이 곧 죽음의 불변하는 정신이다.

 그러므로 죽음이란 혼란하기 짝이없는 인간의 삶에 있어서 하나의 위대한 조정자(調停者)이다. 이런 까닭에 로마의 사색가 아우렐리우스 같은 사람은 죽음을 "감각의 휴식, 충동의 실이 끊어진 것, 마음의 만족, 혹은 비상소집 중의 휴식, 육체에 대한 봉사의 해방"에 지나지 않는다고 설파하였던 것이다.

종교에서의 충고는 늘 우리들에게 삶이란 자신의 죽음을 겸허하게 준비하는 과정이라고 일러준다. 사실 정호승이 지난 1979년에 펴낸 첫시집 『슬픔이 기쁨에게』 이후 『서울의 예수』 『새벽편지』 그리고 이번의 『별들은 따뜻하다』에 이르기까지 그의 시정신들이 보여주는 전반적 전개과정은 한마디로 도덕적 개결성(介潔性)이다.

정호승 시의 주된 미적 범주 중의 하나는 그의 시가 주제어에 대하여 거의 '천착'이라고 할 수 있을 정도의 남다른 집념을 보여준다는 점이다. 이것은 시인 자신의 지적 탐구정신의 왕성함 때문일 것인데, 실제로 언젠가 그는 나에게 앞으로 쓰고 싶은 시의 제목이라고 하면서 대학노트에 촘촘히 적어놓은 명세서(?)를 보여준 적이 있다.

그때까지만 해도 나의 신념 속에는 대학 재학시절, 시인 김춘수가 이끌어가던 시론 강의에서의 한 대목이 요지부동으로 박혀 있었다. 그 신념이란 다름아닌 "제목이 정해져야 시를 쓸 수 있는 사람은 내용에 결백한 나머지에 시의 기능의 중요한 여러 면을 돌보지 않는 일이 왕왕 있을 수 있다는 것을 염두에 두고, 시를 내용의 희생물로 바치지 않을 것을 경계하면 될 것이다"라는 부분이다.

그러나 제목을 먼저 정해놓고 시를 쓰는 내 친구 정호승의 시를 줄곧 눈여겨 지켜보면서, 나는 김춘수의 시론이 모두 들어맞는 말이 아님을 알게 되었다. 정호승이 제목을 결정해놓고 시를 써도 시의 중요한 여러 기능을 아주 세심히 파악하고 배려하는 것을 지켜보았기 때문이다.

다음으로 그의 시의 미적 범주 중의 하나는 간결한 잠언(箴言)풍의 의고체를 상당히 즐겨쓰고 있다는 점이다. 예를 들면 '흔드나니' '깨우나니' '일이었나니' '복이 있나니' 따위에서 나타나는 연결형, '용서하라' '사랑하라' '감사하라' '염려하라' 따위의 명령형, '보소서' '되소서' '주소서' '엎드리게 하소서' 따위의 청유형, '원하노라' '알리라' 따위의 설명형, '않았느냐' 따위의 설의형 등이 그것이다.

이런 잠언풍의 고어형은 실제로 시작품 속에서 도덕적 각성을 일깨우는 대목으로 작용될 때 어조의 준엄함, 결연함을 배가시키는 효력을 나타낸다. 정호승은 한때 나에게 구약성서 중 종교시를 모아놓은 시편을 읽고 작시법에 많은 도움을 얻는다는 말을 한 적이 있다.

한편 정호승의 시어가 채택하고 있는 계층은 평범한 도시중산층의 언어이다. 일견 현실에 대한 적극적인 풍자정신이 부족해 보이는 듯한 그의 시어가 건조한 느낌을 극복하고 있는 것은 시적 대상의 관념을 하나의 드라마틱한 구성으로 극화(劇化)시키고 있기 때문이다.

여기다가 그의 시가 즐겨 쓰는 음율인 4·4조, 혹은 4·3·5조 따위의 2음보 계열, 3음보 계열의 형태들은 시가 노래화될 수 있는 가능성으로 이어지고, 이 가능성은 실제로 대중성을 지닌 효과로 연결되기도 한다. (그의 작품 중에서 「이별노래」는 이러한 대표적인 본보기이다.) 이 밖에도 시의 미적 범주로서의 조화성, 직관성, 완결성도 원만하며, 이 점이 정호승 시의 독특한 개성을 창출하는 일에 이바지하고 있다.

이번 시집에서의 전반적인 주제어라 할 수 있는 '무덤' 이미지의 징후는 이미 그의 첫시집에 수록된 작품 「아버지의 무덤」(1973)에서부터 나타나고 있었다. 베트남전쟁에 참전했던 한 청년이 시적 화자로 등장하는 이 작품은 도시빈민이었던 그의 아버지의 옛 무덤자리를 찾는다.

그러나 급속한 도시개발로 말미암아 아버지의 무덤터는 흔적없이 사라지고, 그 자리에는 웬 아파트 한 채가 늠름하게 자리잡고 있는데, 기가 막힌 이 청년은 아파트 지붕 위에 앉은 무심한 참새를 향하여 목메인 푸념을 절규로 엮어간다는 내용이다.

> 새야
> 배고파 우는 도시 참새야
> 두번 죽은 아버지 무덤 안을 날아다오
> 탱자나무 가시 찔려 흘린 피까지
> 흐르는 시궁창 이 도시 변두리
> 해마다 거름 붓던 개똥참외밭
> 자는 무덤 밀어버린 자는 누구냐
> ——「아버지의 무덤」부분

이 시가 실렸던 첫시집의 주제어는 '슬픔'이라는 낱말이었다. 「슬픔으로 가는 길」「슬픔을 위하여」「슬픔은 누구인가」「슬픔이 기쁨에게」「슬픔 많은 이 세상도」따위의 시제목에까지 드러난 '슬픔' 말고도 문맥 속에 박혀 있는 '슬픔'의 대목들은 "슬픔을 만나도 슬프지 않는" "슬픔으로 슬픔을 잊게 할 수 있습니까?" "슬픔을 사랑할 수 있을 때까지" "슬픔을 슬픔이라 말하는" "단 한번도 이 세상 슬픔을 달래보지 않으시고" "슬픔에 기대어 사는 사람/슬픔을 오늘밤 만나러 가게" "슬픔의 마지막 옷" "슬픔의 가난한 나그네" "슬픔을 향하여 칼을 던지고" "슬픔에 대하여 혹은 운명에 대하여" 등 부지기수이다. 이 여러가지 '슬픔'의 시어 중에서 나는 그의 시 「꿀벌」의 한 대목을 가장 사랑한다.

> 저녁이 오면
> 너는 들녘에서 돌아와
> 모든 슬픔을 꿀로 만든다
> ──「꿀벌」부분

참된 슬픔이란 고통의 지팡이라고 누가 말했던가. 정호승은 당시의 모든 시대적, 개인적 고통을 '슬픔'이라는 시어로 육화시키며 살아간 듯하다.

이번 시집 중 「또 기다림」이란 시의 한 대목에서 "붉은 손톱 뽑아 던지고 별이 되었습니다"라는 표현이 있는데 이 '손톱' 이미지는 첫 시집에 실린 「파도타기」의 한 대목에서 이미 나타났던 부분이다. "어머니 손톱 같은 봄눈 오는 바다 위로"가 그것이다. 우리의 옛 속담에 "손톱은 슬플 때마다 돋고, 발톱은 기쁠 때마다 돋는다"는 말이 있다. 이는 기쁨보다 슬픔이 더 많은 세상살이를 뜻하는 말이다. 정호승은 이런 민속적인 정서도 결코 흘려버리지 않는다.

사실 단장(斷腸)의 고통이란 겪어보지 않은 사람이 어찌 알 것인가? 눈물로 빵을 먹은 사람이 아니면 고통도 모르고 또한 인생의 참맛을 모를 것이다. 눈물은 슬픔의 말없는 언어라고도 하는데 정호승의 시집에는 이 눈물이 언제나 촉촉히 젖어 있다. 세상에는 자기자신과 자기선행에 아첨하는 악한 눈물이 있고 오랫동안 그의 마음속에 잠들고 있던 정신적 존재의 각성을 기뻐하는 선한 눈물이 있을 것이다.

정호승의 시는 항상 악한 눈물을 단호히 꾸짖고, 선한 눈물을 따뜻하게 두둔한다. 시인 신경림도 『반시(反詩)』 선집 해설에서 정호승 시에 나타난 슬픔의 성격을 참된 것, 진실한 것, 깨끗한 것, 떳떳한 것, 아름다운 것의 상징이라고 규정한 바 있거니와, 우리는 이런 사실을 통해서도 정호승 시의 빛깔을 넉넉히 가늠해볼 수 있다.

1982년에 나온 그의 두번째 시집 『서울의 예수』(시선집으로 명명되어 있으나 대다수의 작품이 신작이므로 독립된 시집으로 보아야 한다.)는 기실 첫시집 중 「넥타이를 맨 그리스도」의 발전적 공간이라 할 수 있다.

이 시집에서의 중심 어휘는 '서울' '죽은 사람' '가난' '눈물' '큰 슬픔' '사막' '고통' '고독' 등이다.

조국의 민주화를 위한 광주민중항쟁이 발발한 지 두 해 뒤에 출간된 이 시집에는 당시의 질식할 것 같던 공포통치의 분위기 속에서 그는 '예수' 이미지의 변용에 집념을 가졌던 것으로 보인다. 정호승은 이미 이 두번째 시집 속에서 다음 세계 쪽으로의 행보를 찾고 있다.

>   나는 오늘밤 어느 별에서
>   떠나기 위하여 머물고 있느냐
>   어느 별의 새벽길을 걷기 위하여
>   마음의 칼날 아래 떨고 있느냐
>   ──「우리가 어느 별에서」 부분

4

 그러나 세번째 시집 『새벽편지』(1987)가 나오기까지 여러해 동안 그는 시를 쓰지 못했다. 이루 말할 수 없는 개인적 춘사(椿事)를 겪었고, 그로 말미암은 충격 때문이었다. 1982년부터 이후 4년간 그가 나에게 보내온 서간문들은 대개 미움과 증오, 만남의 문제, 극단적인 자기혐오, 갈등, 방황심리, 생의 고통, 이사, 시인적 죽음에 대한 선망과 감동 따위로 점철되어 있었다. 1986년 1월 7일에 보낸 그의 편지는 다음과 같이 시작된다.

 저는 그동안 뜻하지 않게 여러가지 '인생공부'하느라 참으로 열심히, 그러나 퍽 부끄럽게 살아왔습니다. 근간의 3~4년이 언제 어떻게 지나가버렸는지, 지금 생각하면 저으기 안도감조차 느낍니다. 어떻게 살아가야 할지, 무엇을 가장 중요하게 여기며 살아가야 할지, 다소 확실하게 느낀 지난 몇년 간이었습니다. ……이제 저는 퍽 건강합니다. 지난날에 비하면 그리 큰 악몽도 없습니다. 미움도 없고 증오도 없습니다. 오히려 잔잔한 미움, 싫음 등의 일에 매달리게 되는 제 자신이 요즘은 우습습니다. 올해는 그동안 제대로 쓰지 못했던 시를 좀 써볼까 합니다.

 이 편지를 받은 그 이듬해 가을, 드디어 그의 세번째 시집이 나왔다. 이 시집의 중심 주제어는 '별'과 '새벽'이다. '슬픔'의 관념성과 '예수'로 변용된 알레고리의 시대를 거쳐서 그의 시적 심상은 한층 정련되고 반짝이는 형태로 다듬어진 모습을 보였다. 말 그대로 그동안 그의 삶을 송두리째 뒤흔들어놓았던 충격과 고통의 극복이 필시 이런 완성으로 나타난 것이리라. 시집 『새벽편지』에서 '별' 이미지는 이 고통의 과정에서 결정(結晶)된 것이다.

"나의 별에는 피가 묻어 있다/(……) 별들도 강물 위에 몸을 던졌다"(「새벽편지」) "그대 죽어 별이 되지 않아도 좋다"(「부치지 않은 편지」) "별들도 눈뜨지 않는 저 하늘"(「새벽편지」) "그대 위해 별 한 송이 눈물의 꽃을 피운다"(「조화」) "너는 죽어 별이 되고/나는 살아 밤이 되네"(「여름밤」) "별들도 울고 싶은 밤이 계속되었다"(「그날의 편지」) "별들도 짐승처럼 생각되던 밤이었다"(「눈길」) "창은 별이 빛날 때만 창이다"(「희망은 아름답다」) "별보다 깨끗하게 살고 간 너를 위하여"(「기도하는 새」) "별들이 자유로운 것은/별 속에 새들이 날기 때문이다"(「편지」) "새벽하늘 별빛마저 저물었나니"(「새벽에 아가에게」) "내가 별들에게 죽음의 편지를 쓰고 잠들지라도"(「새벽에 아가에게」) "가을에는 별들이 사막 속에 숨어 있다"(「가을편지」) "별들도 휩쓸려 가버린"(「다산」) "너는 별을 바라볼 두 눈을 잃었으나/나는 별을 바라볼 가슴을 잃었구나"(「가을의 유형지에서」)

이상의 인용문은 시집 『새벽편지』에서 '별' 이미지가 반영된 원석(原石)들을 옮겨놓은 것에 불과하다. 이 '별' 이미지의 의미는 좀더 다각적으로 시간을 두고 규명될 필요가 있다. 왜냐하면 이번의 네번째 시집에서도 이 이미지는 여전히 의미의 긴장과 팽창을 유지하면서 살아 있기 때문이다.

시 「당신에게」의 4연, 「나의 낙타에게」의 3연, 「강변역에서」의 후반부, 「나의 길」의 후반부, 「겨울밤」의 부분, 「어느 시인의 죽음」의 끝행, 그리고 「너의 날개」 「또 기다림」 「휴전선에서」 「시인 윤동주지묘」 「또 하나의 조국」 「저녁별」 「길」 「별 하나의 나그네 되어」 「눈발」 「박정만」 「김종삼」 등의 시에서도 '별' 이미지는 여전히 중요한 부피를 지닌 채 의미의 확대를 이루어가고 있는 것이다. 특히 눈길을 끄는 것은 이번 네번째 시집의 표제로 선택된 시가 「별들은 따뜻하다」인데, 이 사실은 무엇을 내포하고 있는가.

아마도 이것은 우리가 일찍이 앞에서 살펴본 바 있는 세상이라는 이름의 무덤 속에서 끊임없이 절망에 시달려 온 인간의 자아각성, 자기완성을 의미함이 아닐까 한다. 동시에 '별'은 참된 죽음을 지향, 갈망하는 모든 존재들의 반짝임이 될 것이다.

'따뜻함'의 성질은 대상의 작용성, 적극성, 활발성, 생명성, 포용성, 진지성 따위의 의미망을 형성한다. 이런 해석의 측면에서 볼 때 시 「별들은 따뜻하다」의 문맥은 시 「백범묘소 앞에서」의 한 구절인 "혁명은 따뜻하다"라는 부분과 매우 적절한 일치를 느끼게 한다. 사실상 통일, 사랑, 조화, 균형, 원융, 화합, 친교의 성질을 지니고 있는 '별' 이미지는 '혁명' 또는 '부활'의 시적 언표(言表)에 다름아니다. 혁명이란 곧 강한 용기이며, 새로운 의지의 실천, 즉 '살아서 다시 죽는' 진정한 부활인 것이다. 우리는 그의 시가 앞으로 더 큰 부활을 향해 고동치며 자신의 길을 열어갈 것임을 확신한다.

>사람마다 가슴은 무덤이 되어
>희망에는 혁명이
>절망에는 눈물이 필요한 것인가
>───「눈발」부분

後　　記

　첫시집 『슬픔이 기쁨에게』를 창비에서 낸 지 10년 만에 다시 창비에서 시집을 내게 되었다. 10여년 동안 어디 황량한 들판을 쏘다니다가 문득 집으로 돌아온 느낌이다.
　나는 아직 시집을 내는 욕심을 버리지 못했다. 참으로 부끄러운 일이다.

　　　　　　　1990년 가을
　　　　　　　　　　　　정　　호　　승

창비시선 88

별들은 따뜻하다

초판 1쇄 발행/1990년 10월 25일
초판 21쇄 발행/2025년 6월 24일

지은이/정호승
펴낸이/염종선
펴낸곳/(주)창비
등록/1986년 8월 5일 제85호
주소/10881 경기도 파주시 회동길 184
전화/031-955-3333
팩시밀리/영업 031-955-3399 편집 031-955-3400
홈페이지/www.changbi.com
전자우편/lit@changbi.com

ⓒ 정호승 1990
ISBN 978-89-364-2088-8 03810

* 이 책 내용의 전부 또는 일부를 재사용하려면
  반드시 저작권자와 창비 양측의 동의를 받아야 합니다.
* 책값은 뒤표지에 표시되어 있습니다.